edition taberna kritika

Die edition taberna kritika wird vom Bundesamt für Kultur (CH) mit einem Förderbeitrag für die Jahre 2021-2024 unterstützt.

Die Originalausgabe erschien 2017 unter dem Titel "Punkt" bei Metella/Xenia in Belgrad/Sion.

Bojan Savić Ostojić
Punkt
Aus dem Serbischen von Jan Dutoit

http://www.etkbooks.com/
Gestaltung: etkbooks, Bern
Coverillustration: Bojan Savić Ostojić - Seismogramm im Bus zwischen Belgrad und Zemun, 22.09.2022

Bibliografische Information der Deutschen Nationalbibliothek: Die Deutsche Nationalbibliothek verzeichnet diese Publikation in der Deutschen Nationalbibliografie; detaillierte bibliografische Daten sind im Internet über http://www.dnb.de abrufbar.

ISBN: 978-3-905846-68-3

Bojan Savić Ostojić

PUNKT

Mit einem Nachwort
von Anna Hodel

Aus dem Serbischen übersetzt
von Jan Dutoit

edition taberna kritika

Liste der Punkte, bei denen sich eine Atempause empfiehlt

NATÜRLICH FAND ER nicht einmal seine Brille, als er in das Innenfach seines Beutels blickte: Wäre ihm das auf der Straße geschehen, hätte er sich wahrscheinlich sogleich an den Kopf gefasst, aber jetzt, da er im Innenfach das sorgfältig aufgewickelte Telefonladekabel vorfand, wegen dem er vor einigen Tagen fast verzweifelt war, weil er es für den Beutel bereitgelegt, aber im letzten Augenblick nicht vom Tisch genommen hatte (nach seiner Heimkehr nervte es ihn noch mehr, es dort an Ort und Stelle akkurat aufgewickelt vorzufinden), und da er neben dem

Kabel den neuen, erst gerade gekauften gelben Kugelschreiber erblickte, heiterte sich D.s Stimmung auf, besser gesagt, er bereitete sich darauf vor, die Heiterkeit zu empfinden, wenn er im neuen, ebenfalls gerade erst gekauften Heft den ersten senkrechten Strich gezogen haben wird, aus dem der Buchstabe N entstehen sollte – der Strich war ansprechend dünn und dies schmälerte einen gewissen Missmut, den seine gelbe Farbe bei ihm im ersten Augenblick noch im Laden hervorgerufen hatte, aber noch größeren Missmut, ja sogar Ekel, hatte bei ihm der Gedanke hervorgerufen, einen *roten* oder *schwarzen* Kugelschreiber zu nehmen, Farben, die er sich in seinen Händen nicht vorstellen konnte und schließlich musste er sich eingestehen, dass er den gelben nur deshalb genommen hatte, weil er neulich das deutsche Wort *GELB* gelernt hatte, das er sogar sehr leise vor sich hin sprach, als er vor der Verkäuferin zwischen den anderen, ansonsten von ihrer Form her völlig identischen Kugelschreibern in einer erbärmlichen Batterienschachtel genau auf den gelben zeigte, worauf diese im Voraus den Strichcode einlas und „zwanzig Dinar“ sagte, als ob er bereits entschieden hätte, ihn zu kaufen, aber was (fragte er sie in Gedanken jetzt, als sie ihn nicht mehr hören konnte), wenn er sich nur erkundigt hätte und natürlich ging ihm dieses unanfechtbare vor vollendete

Tatsachen stellen auf die Nerven, aber nicht annähernd so sehr wie circa zwanzig Minuten zuvor beim vorangegangenen Laden (Typ Kiosk), als er durch das Fensterchen fragte „Haben Sie Kugelschreiber?“ und der Verkäufer sofort, SOFORT und ohne ein Wort zu verlieren, den Strichcode zum Lesegerät führte und es, bevor D. es schaffte, den Kauf zu bestätigen, unwiderruflich piepte, worauf er (er erinnerte sich) diesen grässlichen blauweißen Kugelschreiber, der durch das Fensterchen hervorguckte, nur ansah; diesen Kugelschreiber, der ihm ohne eigenes Verschulden gehörte, dem, was die Sache noch schlimmer machte, auch noch die (blaue) Kappe fehlte, und ohne ein Wort zu sagen, entfernte er sich (jetzt gefiel er sich selbst, dass er beim Rekapitulieren seines Nichtkaufs das Wort „entfernen“ verwendete) hin zum Eingang der Buchhandlung, um dort ein drittes Mal zu versuchen, einen entsprechenden Kugelschreiber zu finden und all das,

NACHDEM ER IN dem vorangegangenen (als Buchhandlung getarnten) Geschenkladen ganze zehn Minuten (einige Minuten länger als Stings Song *Monday*, der während seines Aufenthalts im Keller lief) verbracht hatte, in denen er erfolglos einen entsprechenden Kugelschreiber suchte, es musste nicht einmal der gleiche sein, den er sonst immer verwendete und zuhause liegen gelassen hatte, aber doch wenigstens einer, dessen Mine dünn genug und dessen Preis annehmbar gewesen wären; und obwohl er sich beim Gang in den Keller zunächst freute, eine Menge Kugelschreiber zu sehen – ordentlich sortiert, aufgereiht in etwas, was er jetzt in der Erinnerung nur als „Gehäuse, aus denen die Schubladen herausgezogen wurden", die „hölzernen Waben" glichen, bezeichnen konnte –, stellte er beim Nähertreten nicht nur fest, dass sie teuer waren, sondern dass diejenigen, die ihm zumindest annehmbar erschienen, an der Spitze der Mine irgend so ein weißes Kügelchen hatten, weshalb er, nachdem er nicht eine Minute mit Suchen verbracht hatte, vor sich hin fluchte („ihr Arschlöcher" oder „what the fuck?") und dies nur deshalb, weil er überzeugt war, dass die Diktierfunktion am Telefon eingeschaltet war, oder womöglich tat er dies erst, als er sich beim Griff nach einem Kugelschreiber an einem gespitzten Graphitbleistift gestochen und betrübt den grauen Abdruck am linken Zeigefinger betrachtet hatte, eine Spur, die schon verkrustet war, sich nicht mehr auslöschen ließ; dann begann er mit dem ausgewählten Kugelschreiber auf dem Stück Papier zu schreiben, das zum Ausprobieren bestimmt war, nebenbei gesagt war es nicht viel größer als ein Preisschild, und nachdem er kaum Platz zwischen den Schnörkeln fremder Kugelschreiber und Textmarker gefunden hatte, versuchte er einen Strich zu ziehen, aber hier offenbarte sich schon der erste Minuspunkt, der Stift stockte gleich zu Beginn und als er losschrieb (er wollte „November“ schreiben), stellte sich heraus, dass die Dicke des Striches D.s vorgeschriebenen Standard überschritt, was den Kugelschreiber sogleich disqualifizierte; zudem war nicht einmal klar, wie viel er kostete: Die Preise waren verwirrend angeschrieben und die Selbstklebeetiketten, auf denen sie geschrieben waren, teilweise zerrissen, also warf er ihn blindlings in eines der „Töpfchen aus biegsamem Plastik“, denen ähnlich, in denen er selbst verschiedenfarbige Reißnägel aufbewahrte, und ging dann, wie er feststellte schon ganz verschwitzt, die Treppe hinauf zur Kasse mit einem Heft unterm Arm, mit demselben Heft, in das er jetzt schrieb,

ABER DAS HEFT ist eine Geschichte für sich: Er bemerkte es zuerst genau in diesem Geschenkladen; ihm gefielen auf Anhieb sowohl die Farbe (schwarz-gelblich-grau, mit einem Muster, das er jetzt beim Blick auf den Einband als „Schlangenhaut“ charakterisieren würde) als auch die abgerundeten Ecken der Seiten; eine Vorbedingung für sein Wohlgefallen war, dass es in der Druckerei hergestellt wurde, deren Hefte er die letzten acht Jahre gekauft hatte und zwar mindestens eines pro Monat; es war in Plastikfolie eingepackt, zum Glück aber an einer Stelle aufgerissen (ein formvollendetes Löchlein!) und während er nur mit Mühe seine Freude verbergen konnte, fragte er den Verkäufer, ob er in das Heft hineinschauen dürfe, weil die Verpackung schon angerissen sei – jetzt in der Erinnerung war er stolz auf sich, dass er dieses Wort, das er als sehr präzise empfand, ausgesprochen hatte, falls er es tatsächlich ausgesprochen hatte –, worauf der Verkäufer das Gesicht verzog und „leider nein" sagte, D. aber, wohlwissend, dass man die Aussage des Verkäufers nicht für bare Münze nehmen sollte und dass es ihm überhaupt nicht leid tat, fand sich zunächst mit dem Verbot ab, nahm ein Heft mit identischem Einband, das neben dem oben erwähnten lag und bemerkte den Glücksfall, dass von diesem Heft das Plastik noch stärker abgeschält war, was wahrscheinlich von einem Kunden herrührte, der mit vollem Recht und ungeachtet dessen, dass dies nicht erlaubt war, ohne viel Federlesen herausfinden wollte, auf was für Linien er schreiben wird, ob der Zeilenabstand eher groß oder klein ist, ob er jeweils eine Zeile überspringen muss, damit er später das, was er geschrieben hat, auch lesen kann; auf jeden Fall waren, was D. betraf, die grundlegenden Fragen längst geklärt: fester Einband (Spiraleinband hatte er nie auch nur in Betracht gezogen) und Format B6 (dieses passte perfekt in seine Handflächen und ließ sich auf Anhieb aus der Tasche ziehen); und vollkommen überzeugt, dass der Verkäufer ihm diesmal Einblick gewährt, streckte ihm D. das andere Heft entgegen und wagte dabei, ein „es war schon angerissen“ hinzuzufügen, insgeheim freute er sich, als hätte er es selbst mit der Kraft seines Verstandes angerissen, worauf der Verkäufer endlich (obwohl ziemlich widerwillig) nachgab und sich daran machte, selbst den Rest der Plastikfolie zu entfernen; D. wollte ihm dabei eifrig zur Hand gehen, aber der Verkäufer reagierte auf sein selbstloses Angebot, indem er sich auf einmal dumm stellte, ihm buchstäblich das Heft aus den Händen riss, als wäre nur er befugt es aufzureißen, und D. sah sowohl lächerlich als auch traurig aus (dachte er jetzt sich erinnernd), als er die rechte Hand vorsichtig und unmerklich zum Heft hinführte und die des Zerreißens kundigen Finger wie ein Würfelspieler spreizte, während dem der Verkäufer mit einem Ausdruck der Langeweile, ja sogar des Ekels im Gesicht, die Folie entfernte, was ihm ein wenig schwerer fiel, als er erwartet hatte, weil er nicht ausreichend lange Fingernägel hatte und vor allem deshalb, weil er ihm, D., das Ritual des Aufreißens der Verpackung verwehrte; das Benehmen des Verkäufers machte ihn auf einmal wütend, dieses alberne Monopol auf das Entfernen der Verpackung, wie er es jetzt sich erinnernd so präzise wie möglich zu benennen versuchte, das brachte ihn, fast schon an der Kasse, völlig aus dem Takt und trieb ihn dazu, obwohl er endlich das Heft, das er wollte, bekommen hatte, es durchgeblättert und sich vergewissert hatte, dass die Linien den optimalen Abstand haben, jede Seite oben mit einem schönen dunkelroten Strich versehen war, das Ganze ohne Aufschrift, ohne Vignetten – was ihn also dazu trieb dieses Heft, das sich in jeder Hinsicht in seine Normvorstellung fügte, umzudrehen, schroff einen Blick auf den Preis (399 Dinar) zu werfen und es demonstrativ in derselben Sekunde neben das andere Heft im Regal zu stellen, laut, so dass es klopfte und gleichzeitig bemüht, alles möglichst gleichgültig aussehen zu lassen; danach ging er, ohne sich zu bedanken, nur ein trockenes, kaum hörbares „Auf Wiedersehen" brummelnd, aus dem Laden,

ZUSÄTZLICH NERVÖS, WEIL er es nicht geschafft hatte, sein wirres Gespräch mit dem Verkäufer und das Geräusch beim Entfernen der Plastikverpackung aufzunehmen, obwohl die Diktierfunktion am Telefon eingeschaltet war; aber die Aufnahme wurde anscheinend unterbrochen, als er Ž. anrief, um ihr einerseits zu erklären, weshalb er sich unerwartet lange in der Stadt aufhielt, damals war ihm noch nicht bewusst, dass dies erst der Beginn des Aufhaltens bedeutete, aber vor allem, um sich selbst aufzunehmen, wie er ihr erzählte, dass er die Mütze doch noch gefunden habe, die er am Vorabend in dem Kaffeehaus liegen gelassen hatte und das zum wer weiß wievielten Male: Jetzt erinnerte er sich nur, wie er beim Aufstehen dachte „Draußen regnet es nicht mehr, also brauche ich die Mütze nicht" und völlig logisch vergaß er sie auf dem Stuhl; deshalb ging er heute Morgen, bevor er sich auf die Suche nach dem Heft und dem Kugelschreiber machte, zuerst in das Kaffeehaus, steuerte direkt von der Tür aus („wie ein Schlafwandler", dachte er jetzt sich erinnernd) auf den Tresen zu und bemühte sich, nicht allzu kleinlaut zu klingen bei der Frage: „Haben Sie vielleicht ein graues Barett gefunden? Gestern habe ich es auf einem Stuhl dort hinten liegen gelassen"; um seine Nervosität zu verbergen, begann er, ohne eine Antwort abzuwarten, zu erzählen, er habe es schon unzählige Male vergessen und man habe es zu seiner Verwunderung jedes Mal wieder gefunden, woraufhin ihn sowohl der Barmann als auch die Kellnerin verwirrt anblickten; letztere wandte sich, ohne vom Barhocker aufzustehen, um zum „Kleiderständer für verlorene Dinge" und fragte „Vielleicht ist es das dort?", so dass sich auch D. zu diesem hinwandte und vermutlich hinter der Jacke des Barmanns das ordentlich aufgehängte, graue Barett erblickte; aber zu D.s Enttäuschung gab ihm danach weder jemand ein Zeichen, noch sagte irgendjemand ein Wort; die Kellnerin und der Barmann, beide hatten nichts zu tun, fuhren fort, ihn zerstreut anzustarren bis sich D., in dem Moment völlig verrückt vor Verwirrtheit, besann, endlich zu nicken (das sollte heißen: „Ja, das ist meins") und nur um die unangenehme Stille zu unterbrechen, stellte er die ganz und gar überflüssige Frage „Kann ich es nehmen?", aber auch dieser Frage folgte keine verständliche Antwort: Die junge Frau schmunzelte nur kaum merklich, während sie die Zigarette abklopfte, vielleicht machte sie diese Grimasse aber auch nur wegen des Tabakgeschmacks, und D. zuckte mit den Schultern, holte ganz verkrampft die Mütze vom Kleiderständer und verließ das Kaffeehaus ohne Gruß, in der Erwartung, schon bald mit Heft und Stift zurückzukehren, aber

DIE RÜCKKEHR ZOG sich, wie wir sehen werden, hin: Er ging durch den Park mit der Mütze in der Hand, als wäre sie in seinen Händen sicherer als auf dem Kopf, schaltete die Diktierfunktion ein und wählte Ž.s Nummer, und jetzt auf einmal sich erinnernd dachte er, dass dieser Wunsch sich zu melden, die Rückkehr in das Kaffeehaus behinderte und erschwerte; als er zum Telefon griff und für jemanden anderes zu sprechen begann, vergaß er, dass er vor einer Stunde ohne irgendein Ziel aus dem Haus gegangen war, *WUNSCHLOS*, und jetzt wünschte er, sich durch das Gespräch so schnell wie möglich ablenken zu lassen, seine Verwirrtheit als Wochenendanekdote herunterzuspielen und sich über sich selbst lustig zu machen, aber noch heute Morgen hatte er sie ernst genommen, am allerernstesten als er vor dem ehemaligen Restaurant Orač *WUNSCHLOS* sagte und dieses Wort einige Male für sich wiederholte, ja sogar versuchte, die männliche Form (*WUNSCHLOSER*) zu bilden und sich fragte, ob das korrekt sei; schroff schwieg er, als Ž. ihn fragte, wohin er gehe und dabei war er sogar stolz auf sich, weil er ehrlich war, denn er ging tatsächlich nirgendwohin, aber als er sich der Buchhandlung langsam näherte, nachdem er die Aufnahmefunktion eingeschaltet und das Bedürfnis verspürt hatte, sich zu melden, wünschte er auf einmal, sich selbst zu verraten, indem er sich als einer von jenen ausgab, die wegen etwas aus dem Haus gehen, denen etwas geschieht und die vor allem fähig sind, dies danach ohne große Abschweifungen überzeugend nachzuerzählen; einer von denen, die, wenn sie losgehen, schließlich auch ankommen, sich dabei nicht einmal verirren und nie aus den Augen verlieren, dass sie nicht umsonst losgegangen sind, aber er gehörte, ganz besonders heute Morgen, nicht zu diesen Leuten und vielleicht wünschte er sich deshalb, sich den Menschen wieder anzugleichen und scheinbar für einen Augenblick und nur der Aufnahme wegen, während Ž. ihm zuhörte, zu vergessen, dass er, als er zum Spaziergang aufbrach, sich nichts wünschte, ja mehr noch, dass er schon immer einfach sich nichts wünschend dem am nächsten kam, was man ziemlich unpräzise Glück nennt, und er wählte ihre Nummer im Wissen, dass er mit diesem Anruf die ganze wohltuende Abwesenheit des Wunsches verlieren wird, nicht vorübergehend, sondern unwiederbringlich, dass er sich dadurch unbedacht öffnen wird (ihm fiel auch das Wort „verwundbar“ ein, aber er verwarf es als unpräzise), dass er, und das war das Allerschlimmste, auf fremde Wünsche eingehen, ihre Grenzen anerkennen wird, anstelle die Menschen wie heute Morgen vor dem Orač einfach hohl anzuhören, sich dabei nichts zu merken, aber alles zu hören und alles durch sich hindurch zu lassen, dabei sogar aufmerksam darauf bedacht, hohl zu bleiben und sie nur stumpf zu betrachten, mit seinem Blick wie ein Schutzschild den Gedanken an jedweden Wunsch abzuwehren, der sich in ihnen oder in ihm hätte einnisten können; dabei stellte er sich die Anderen, sich selbst als Vorbild, als höhere Wesen ohne Wünsche vor, im Bewusstsein, dass er sie ungerechtfertigt überschätzte, gleichzeitig erwartete er von niemandem eine Bewertung seiner Mutmaßungen und weder ein Nicken noch ein Dementi erwartend schwebte er (am konzentriertesten vor dem Orač) an der Grenze zwischen *es kann* und *es muss nicht*, sich überhaupt nicht darum kümmernd, ob etwas davon *ist*, und nach all dem stellte er

NEBEN DER FONTÄNE beim Ausgang aus dem Buch- alias Geschenkladen, in dem er das Heft nicht gekauft hatte, entsetzt fest, dass nur fünfzehn Sekunden aufgenommen wurden, die mit dem Klingeln von Ž.s Telefon endeten, obwohl er doch überzeugt war, dass außer dem Gespräch bzw. Rapport auch das Wichtigste von allem aufgenommen wurde: das Zungeschnalzen und Fluchen im Keller der Buchhandlung, vielleicht auch der Soundtrack, das Lied *Monday*, und während er – überzeugt, dass es aufnimmt – träge und wie ein Kind ein Bein vor das andere stellend diese gläserne Treppe hinunter schritt, sagte er mehrmals laut *HÖRSPIELE* und *ZU HÖREN* in Richtung der Innentasche, wo sich das Telefon mit der, wie er hoffte, eingeschalteten Diktierfunktion befand, wobei er ebenfalls hoffte, dass es deutlich genug die Schritte und das Quietschen auf der polierten Treppe verzeichnen werde; und da, als er sich schon im Keller befand, versuchte er sich laut zu erinnern (aus irgendwelchen Gründen war er überzeugt, dass auch der Prozess des Sich-Erinnerns aufgezeichnet werde), was „sricati" auf Deutsch heißt – er hatte sich nur gemerkt, dass es mit BUCH beginnt – und so probierte er einige Varianten, von denen er sich (jetzt) nur an die eine (BUCH-LESEN) erinnerte, von der er wusste, dass sie falsch ist, aber damals vertraute er auf die Fähigkeit der Aufnahme, ihn von der Notwendigkeit, sich etwas zu merken zu befreien, und er musste sich bei Tageslicht wiederfinden, neben der Fontäne (deren Geräusch er nicht aufnahm) durchgehen, danach beim Jugoslawischen Dramentheater stehen bleiben und verzweifelt wie ein Penner mit weit aufgerissenen Augen vor sich hinstarren, um sich endlich zu erinnern, dass „sricati" auf Deutsch BUCHSTABIEREN heißt, und daraufhin erlaubte er sich, mit einem Bein an die Mauer des Theaters angelehnt, wie so eine zwielichtige Gestalt, dieses Wort mehrmals (mindestens drei Mal) laut zu wiederholen, es so deutlich wie möglich zu schreien, ohne sich auch nur einen Deut darum zu kümmern, ob ihn jemand hörte, und nur darauf bedacht, es möglichst fließend auszusprechen, während dem er abwesend die Statue auf der Treppe gegenüber betrachtete, neben der sich Kinder in raschelnden Jacken fotografierten; er musterte sie mit Verachtung, während er BUCHSTABIEREN buchstabierte, danach einige Augenblicke schweigend und schritt dann, wie befriedigt von dieser Verachtung, ganz langsam und konzentriert weiter am Jugoslawischen Dramentheater entlang und fragte sich dabei, wohin er jetzt gehen solle und ob es Sinn mache, auf das bereits geplante Frühstück (Pfannkuchen) ins Kaffeehaus einzukehren, ohne sich, wie es der vorangegangene Posten eigentlich vorgesehen hätte, das Heft und den Stift besorgt zu haben – oder einfach (was aber für ihn jetzt alles andere als einfach war) nach Hause zu gehen, wo auf ihn das Hähnchenpaprikasch wartete, wo Ž. auf ihn wartete, die, als sie telefonierten, ankündigte, dass sie nicht abreisen werde bis er zurückgekehrt sei; und hier, als er neben der kyrillischen und lateinischen Aufschrift Jugoslawisches Dramentheater vorbeiging – jetzt konnte er sich gar nicht mehr erinnern, was ihm alles durch den Kopf ging, als er Buchstabe für Buchstabe der Aufschrift rückwärts las –, blieb er wie angewurzelt stehen, völlig und filmreif unentschlossen wohin, sich bewusst, dass, wenn er jetzt nach Hause gehen würde, dort aus einem eindeutigen Grund niedergeschlagen rumsitzen würde: weil er es zuließ, dass man seinen Plan zunichte machte, den er heute Morgen ziellos umhergehend so spontan und doch so sorgfältig, ohne irgendwelche verworfenen Skizzen, vorbereitet hatte (den er vorbereitete, während er ihn ausführte), sich bewusst, dass er zerfahren das Paprikasch essen und dabei ununterbrochen darüber grübeln würde, was für ein Geizhals er doch sei, dass er nicht 399 Dinar ausgeben wollte, nur weil er für das gleiche Heft früher 269 oder 318 Dinar gezahlt hatte, und das nur, weil er sich im letzten Moment *Sparmaßnahmen* ausgedacht und entschieden hatte, sowohl auf das Heft als auch auf den Stift, sowohl auf den Kaffee als auch auf die Pfannkuchen zu verzichten, alles Dinge, die er im Gehen, aber doch in dieser unveränderlichen Reihenfolge eingeplant hatte; und als er sich beim Jugoslawischen Dramentheater ausmalte, wie er traurig über dem Paprikasch sitzt, begann er laut zu rechnen: „Also, wenn ich 400 für das Heft ausgebe und maximal 50 für den Kugelschreiber, dann sind das 450; schlag ich danach noch 150 drauf für den Pfannkuchen, sind es 600; und nach dem Pfannkuchen mindestens 120 für den Kaffee, das macht alles zusammen 720 Dinar und das ist, das darf man wohl sagen, eine anständige Summe“, was ein Euphemismus für Verschwendung war; aber blieb er nicht, fragte er sich und sprach weiter laut vor sich hin, obwohl er sich nicht mehr aufnahm, kurz vorher, bevor er zum ersten Mal in die Buchhandlung ging, bevor sie ihm die Mütze zurückgaben, gerade deshalb beim Bankomaten stehen, um zweitausend abzuheben, von denen er zuerst Pita mit Pilzen kaufen wollte, um nicht mehr an das Paprikasch denken zu müssen; aber die Bäckerei befand sich auf dem Weg zum Bankomaten und ungeachtet dessen, dass er noch kein Geld hatte, ging er zuerst in diese: Er öffnete die Tür, wartete aufmerksam, bis eine alte Frau ihr Stück Sauerkirschen-Pita und ihr Wechselgeld erhielt, um dann mit einer gewissen Skepsis, da er von Beginn weg eine negative Antwort erwartete, zu fragen: „Werden Sie mir auf zweitausend rausgeben können?“, was die Bäckerin, stets diskret und entgegenkommend, mit „ja, können wir“ beantwortete (in der Erinnerung charakterisierte er ihre Antwort als eher ungern), es stellte sich allerdings heraus, dass die Pita mit Pilzen noch gar nicht fertig war und der Bäcker warf ihm ein „in zwei-drei Minuten“ zu, worauf D. mit einer Erleichterung, die ihm jetzt in der Erinnerung überhaupt nicht mehr verständlich war, sagte, er komme später vorbei und die Bäckerei verließ im Wissen, dass er nie zurückkommen werde;

DIES SPÜRTE ER auch heute Morgen, als er die Wohnung verließ, ohne auf Ž.s Frage, wohin er gehe, zu antworten, und danach auf der Treppe bemerkte, dass er Heft und Stift zuhause liegen gelassen hatte; und auf einmal (jetzt in der Erinnerung) fiel ihm ein: „Und wie wäre es, wenn ich nie zurückkommen würde? Und was wäre, wenn ich (vielleicht ungewollt) nie zurückkommen würde?"; die Frage erhielt noch mehr Gewicht, da ihm Ž. gesagt hatte, sie werde nicht abreisen bis er von seinem „gewohnten Morgenspaziergang" zurückgekehrt sei; unter anderem brachte ihn auch diese präzise Charakterisierung aus dem Takt, als ob man von ihm erwarten würde, jeden Samstagmorgen spazieren zu gehen und dies nur samstags und nur morgens, alles unter der Bedingung, dass er, noch bevor der Nachmittag anbricht, ordnungsgemäß zurückkehre; ob Ž. sich wohl, dachte sich D. jetzt, bewusst war, wie sehr sie ihn einschränkte sowohl mit dieser Präzisierung als auch mit dieser überraschenden Entscheidung wegzufahren, die, sobald sie ausgesprochen war, zum Endpunkt seines im Grunde ziellosen Spaziergangs wurde, mit dieser Entscheidung, die überhaupt nicht im Einklang stand mit dem Rhythmus, den er verspürte, während er aufstand und der ihn hinaus auf den Spaziergang trieb, auf den er sich, so schien es ihm jetzt, aufmachte eben gerade hinter diesem Rhythmus her jagend, den er ohne Eile und genüsslich befühlte und es damit hinauszögerte, ihn gänzlich einzufangen, hinter dem Rhythmus her, mit dem er unzertrennlich durch den Atem verbunden war, aber Ž. hatte ihm so unbedacht und zweifellos unbarmherzig die Verpflichtung auferlegt: „Ich werde auf dich warten", „Du wirst erwartet werden" und dies löste in ihm sogleich eine Revolte und ein unklares, aber doch ungemein starkes Gefühl aus, ihre Suggestion zur Verpflichtung überhören zu wollen, sie nicht in Betracht zu ziehen angesichts dessen, dass er einer höheren Verpflichtung folgte, dem Rhythmus, der ihn aus dem Bett, durch die Tür, die Treppen hinunter zur Stadt führte und ihm auferlegte, loszugehen auf einen Spaziergang ohne Ziel;

UND WIE IHM dies bei der Aufschrift Jugoslawisches Dramentheater einfiel, so beschloss er auf sich zu hören: dass, wenn er sich schon heute Morgen entschieden hatte, jetzt um keinen Preis der Welt den Weg des geringeren Widerstandes gehen konnte und geködert vom Hähnchenpaprikasch nach Hause zurückkehren durfte, sondern dass es seine Pflicht war, weiterhin sich selbst zu folgen, wie eigensinnig er dadurch auch sein mochte, was für ein verwöhnter Nörgler er dadurch auch sein mochte, ohne Rücksicht auf all sein Zaudern, das, je mehr er darüber nachdachte, umso ernstere Gründe erhielt; in diesem Augenblick drehte er sich um, folgte von neuem der Aufschrift (diesmal in der Richtung, in der sie auch geschrieben war), ging dem Theatergebäude entlang und kehrte, so konzentriert als hätte er es auf Anhieb entschieden, zurück in den Buchalias Geschenkladen, um das Heft für 399 Dinar trotzdem zu kaufen und zugleich mit der Absicht, zu diesem auch noch einen Kugelschreiber zu erwerben, so ähnlich wie möglich dem, den er zuhause liegen gelassen hatte; wegen der klaren Entscheidung heiterte sich seine Stimmung auch diesmal auf, während er beschwingt neben der Fontäne vorbei ging, die kurz vorher beinahe zum Symbol seiner Unentschlossenheit geworden wäre, und wie er vor der automatischen Türe stehenblieb, fragte er sich mit einem Lächeln, das sich beunruhigend deutlich im Türglas spiegelte, wie ihn der tuntige Typ hinter der Kasse, der ihm nicht erlaubt hatte, mit seinen eigenen Händen die Plastikfolie vom Heft abzureißen, ansehen werde, aber sofort nachdem er reingegangen war, war er enttäuscht, als er hinter dem Ladentisch seinen Kollegen vorfand, genauer, als er auf dessen unbeschreiblich dümmlich vor sich hin stierenden Blick traf, da verpuffte seine gute Laune sogleich; als er nach dem Heft griff, stellte er fest, dass er einen Buckel machte, wie er es nur schaffte, wenn er seine Haltung vergaß, in seinen Bewegungen bemerkte er zudem eine unangenehme Zackigkeit und dachte nur „bestimmt sieht man mir meine Nervosität an“; in dieser Zeit rief der unbekannte Kollege, der ihn nicht einmal mehr beachtete, eine weitere Enttäuschung, der Tunte vom Bildschirm abgelesene Zahlen zu und dieser ging die Zahlen wiederholend neben D. vorbei, ebenfalls ohne ihn zu bemerken, das schmerzte ihn wirklich, diese ganze gespielte Geschäftigkeit und dieses unhöfliche Missachten seiner vergeistigten Anwesenheit, gegenüber dem also, dass er wieder – aber „wieder“ war unpräzise –, dass er schon zum vierten Mal nach demselben Heft griff, das er beim letzten Besuch ohne Plastikfolie in den Händen hin und her wandte und weglegte, und gegenüber dem, dass er es jetzt nicht einmal anschaute, sondern entschlossen mit einer einfachen Bewegung wie ein erfahrener Kenner nahm und als wäre es schon sein eigenes unter den Arm klemmte, wobei er neben der Treppe stehen blieb wie die Verkörperung eines schwierigen aber seriösen Kunden; aber nein, in diesem Geschäft gab es niemanden, der das Ausmaß seiner Transformation hätte wahrnehmen können, niemanden, der den Prozess, der sich abspielte und den er die ganze Zeit physisch fühlte, zuerst bei der Fontäne, danach bei der Aufschrift Jugoslawisches Dramentheater und schlussendlich auch jetzt, während er dies schrieb, hätte erkennen, vergleichen und durchdenken und ihn somit ins Bewusstsein bringen können: Mit niemandem konnte er diese ganze Simultanität mit sich selbst, die ihn ergeben durchdrang, teilen, dieses ganze Aufwallen, das sich auch weiterhin jedwedem Endgültigen widersetzte; und als er begriff, dass er (wenn er es schon so entschieden hatte) auch den Kugelschreiber kaufen musste,

GING ER WIEDER träge die gläserne Treppe hinunter, die er auch beim letzten Mal hinabgestiegen war, als er gedacht hatte, dass ihn im Keller eine größere Auswahl an Notizbüchern erwarten würde, aber damals, als er nach einem Gegenstand in Gestalt eines Heftes gesucht hatte, hatte er überhaupt nicht mitbekommen, ob es auch Stifte im Angebot gab, also zwang er sich jetzt dazu, was ihm schwer fiel, sich noch einmal im Keller umzuschauen und in diesem Augenblick – wenn er dies jetzt in der Erinnerung so schreiben durfte – spürte er, dass er sich im Keller *laut umsah*; er war überzeugt, dass man sein Umsehen hören konnte; hätte er irgendjemanden im Raum angetroffen (was zum Glück nicht der Fall war), dieser jemand hätte ihn sofort verwundert angeblickt, nachdem er gehört hätte (er hätte es nicht nicht hören können), wie er herumfuchtelte, wie er herumzappelte, hätte ihn angeschaut, als ob ihm in diesem Augenblick alles klar geworden sei, all seine Gedanken; oder er wäre (zumindest) für einen Moment stehen geblieben, hätte den Atem angehalten und verdutzt versucht, seine Bahn zu erraten, denn er bewegte sich im Keller entlang einer Linie, wie sie der Urin zeichnet, der eine steile Straße hinunter rinnt, entlang einer Linie, wie sie ein Bleistift im Bus aufs Papier zeichnet, ohne sich den Turbulenzen zu widersetzen, seismographisch reagierend auf jedes Bremsen, auf jedes jähe Gasgeben, entlang einer Linie, über die man aus keinem Winkel sagen konnte, dass sie irgendwohin geht, eine Bahn, die man vielleicht aufzeichnen konnte, aber die zu verfolgen keinen Zweck hatte – die selbst keinen Zweck hatte, aus der sich keinerlei Absicht herauslesen ließ, nur Trägheit, aber eine Trägheit spezifischer Art, unter der sich, ungeachtet des Verfließens der Zeit, die Bewegung nicht verlangsamte, sondern sich launisch bald verstärkte, bald abschwächte ohne (auf den ersten Blick) verständlichen Grund: So kreiste und mäanderte er im Keller umher, in den er auf der Suche nach einem Kugelschreiber und mit dem Heft unter dem Arm hinuntergegangen war, landete endlich bei den (ausgeklügelten) Schubladen und blieb vor diesen stehen wie schon beschrieben ungläubig und entsetzt, auf diesem bunten Haufen keinen ganz gewöhnlichen Kugelschreiber finden zu können, danach (was auch schon gesagt wurde) fluchte er einige Male laut und ging schließlich hinauf zur Kasse, bereit den Verkäufern die Leviten zu lesen: „Unglaublich, dass Sie unten keine ganz normalen Kugelschreiber haben", dabei würde er die Lippen zusammenpressen, so wie es beleidigte Alte tun, die denken, dass ihnen alle etwas schuldig sind, würde sie hämisch und warum auch nicht pedantisch mustern, aber als er zur Kasse kam, waren beide Verkäufer wie zum Trotz weiterhin beschäftigt und der eine, nicht die Tunte, erdreistete sich sogar, ihm zu sagen: „Warten Sie kurz", woraufhin D. wütend die Augen zukniff und sich dabei vorstellte, wie rasend es ihn erst gemacht hätte, hätte der Verkäufer gesagt „Sie werden warten müssen, ja" oder noch schlimmer „Ich fürchte, Sie müssen noch eine Minute warten“; aber trotzdem nickte er zu all dem nur stumm, fast unmerklich und begann, als hätte er nichts zu tun, auf das Pult der Angestellten zu gaffen, wo er im Netzkörbchen, in dem ihr Schreibzeug lag, einige ganz normale Kugelschreiber erblickte, die sich nicht im Sortiment der Buchhandlung befanden: Das machte ihn rasend und zwang ihn dazu,

SOGLEICH UND OHNE Aufschub seinen vorbereiteten Satz auszusprechen, seine Meinung zu sagen, wie er dies auch heute tat, als er gleich nach der nicht gekauften Pita mit Pilzen, nachdem er am Bankomaten Geld abgehoben hatte, die Karte rauszog und, da er keinen Beleg erhalten hatte, entschied, den Wachmann darüber zu informieren und unternehmenslustig zur Bank hinüberschaute: Hätte er drinnen niemanden gesehen, dachte er jetzt sich erinnernd, wäre es ihm wahrscheinlich nicht in den Sinn gekommen, sich zu beschweren „Es gibt kein Papier mehr für die Belege“, aber beim Anblick des Wachmanns fasste er Mut, ging zur Tür und nuschelte „Möge ich meine Meinung sagen“ oder „Möge ich nützlich sein“ und endlich brach es aus ihm heraus „Entschuldigen Sie, es hat kein Papier mehr, wissen Sie, für die Belege“, aber der Wachmann breitete daraufhin, nachdem er ihn zuerst feindlich gemustert hatte, hilflos die Arme aus, als wollte er sagen, dass dies nicht in seinen Zuständigkeitsbereich falle und dass ihn diese Unverantwortlichkeit freue und gerade als er ansetzte, um ihm mit irgendeiner der üblichen Formulierungen zu danken, fiel D. ihm ins Wort: „Nicht so wichtig, ich sag's nur“ und ging schnell hinaus und genau so schnell wollte er auch die Tür schließen, aber der Mechanismus erforderte es, dass er dies langsam und vorsichtig tat, damit sie nicht zuknallte: Dieser Prozess zog sich hin und sobald er den gleichgültigen, aggressiv-freundlichen Blick des Wachmanns nicht mehr auf sich spürte, rannte er die Makenzijeva-Straße hinunter, wobei er spöttisch, mit der Stimme eines betrübten und boshaften Kindes, für sich wiederholte „Nicht so wichtig, ich sag's nur", aber er sprach auch einen neuen Satz aus (allerdings erst als er sich vor den Baugruben rund um die Fontäne beim Slavija-Platz befand), eine Replik auf sich selbst: „Es ist doch wichtig, *eben weil* ich es sage", und diese wiederholte er mit der Stimme eines reifen, sich selbst bewussten Menschen einige Male und schaffte es, sie mit dem Telefon aufzunehmen,

WAS EINER DER seltenen glatten Erfolge dieses Tages war, wenn nicht gar der einzige; dabei nervte ihn schrecklich, dachte er jetzt sich erinnernd, dass er, obwohl nicht einmal eine Stunde vergangen war, einige wichtige Ereignisse dieses Morgens zu vergessen begann: Zum Beispiel, obwohl er sich erinnerte, nach dem Kauf des Heftes etwas Banales, irgend so ein Füllsel ausgesprochen zu haben, einfach um die seltsame Stille auszufüllen, etwas, was er bereits damals als redundant empfunden hatte, wusste er nicht mehr genau, was er gesagt hatte, erinnerte sich nur, dass er in diesem Augenblick an der Kasse, als er sich, dies lässt sich zweifellos sagen, selbst noch auf Schritt und Tritt begleitete, beschloss, sich diesen dummen Satz zu merken, aber er hatte ihn vergessen und gerade als er bereit war, seine Niederlage anzuerkennen, zuzugeben, dass er sich gleich zweimal im Stich gelassen hatte, kam es zur unerwarteten Erleuchtung; gerade als er dies aufs Papier brachte, blitzte der vergessene Satz vor ihm auf: Der Verkäufer (nicht die Tunte) packte das Heft nämlich automatisch und ohne ihn zu fragen in eine ihrer unförmigen und hässlichen Tüten, aus der es D. sofort und ebenfalls automatisch herauszog und, während der Verkäufer laut das Wechselgeld auf zweitausend zählte, sich wagte, bloß um diesen zu stören, etwas auszusprechen, was ihn entfernt an einen Pleonasmus erinnerte: „Die Tüte werde ich nicht brauchen"; das war dieser dumme Satz; er versah ihn zum Glück nicht noch mit so einem widerlichen „Danke"; und was jene, im Voraus vorbereitete Kritik des Sortiments betraf („Unglaublich, dass Sie unten keine ganz normalen Kugelschreiber haben"), klar, dass sie niemand ernst nahm, insbesondere wegen seiner kraftlosen Stimme und wegen der Art, wie er solche Kritik seit jeher aussprach: zischend, kaum hörbar und durch die Zähne, eher vor sich her brummelnd als an einen Zuhörer gerichtet; schließlich war ihm sein Ansinnen überhaupt nicht mehr wichtig: Zufrieden mit der Einsicht, fast schon einen Pleonasmus ausgesprochen zu haben, packte er das Heft in den Beutel und verließ endlich (dachte er jetzt sich erinnernd) dieses verdammte Geschäft, aber (ach!)

NUR UM SOGLEICH einen Halbkreis nach links zu machen und eine andere Filiale derselben Firma in demselben Gebäude, aber durch einen anderen Eingang, zu betreten und dies mit der (wie sich herausstellen sollte vollkommen unbegründeten) Erwartung, dort „normale Kugelschreiber" zu finden; in der Zwischenzeit war er ziemlich ins Schwitzen geraten, aber noch unerträglicher als dies war, dass er mit jedem Schritt fühlte, wie er immer mehr hinter sich selbst zurückblieb, wie er auf einmal von seinen Bewegungen nur noch die Etappen zu sehen vermochte, jene unregelmäßigen Linien aber, jene unwiederholbaren und dem Anschein nach unzusammenhängenden Bahnen, die sie verbanden, die er zwischen den Etappen beschrieben hatte, waren auf einmal, nach dem verdummenden Wachen über den Kugelschreiber in der Zubehörabteilung des Buch- alias Geschenkladens, unfassbar geworden; aber jetzt dachte er, wie ihm diese Bahnen heute Morgen einfach geschenkt wurden, sobald er die Augen aufgeschlagen hatte oder sogar einige Augenblicke davor, als er noch träumte; gerade in ihren Mäandern spiegelte sich seine Simultanität mit sich selbst, das Empfinden seiner selbst, das ihn jetzt schon verlassen hatte, und obwohl er auf optimal bequeme Weise zwischen Tischbein und Stuhl feststeckte, obwohl er das Heft so aufgeschlagen hatte, dass es die eine Hälfte des Tisches ganz einnahm und obwohl er unter dieses die Speisekarte geschoben hatte, auf der es im perfekten Winkel auflag, während er schrieb, nicht zu hoch (wie wenn er einen Aschenbecher untergeschoben hätte) und nicht zu tief (wie wenn er ein Buch genommen hätte), legte er sich trotzdem hin und berührt mit der Stirn beinahe die gläserne Oberfläche des Tisches; er war, als er sich gerade erst auf den Spaziergang aufgemacht hatte, überzeugt, die morgendliche Simultanität mit sich selbst nicht zu verdienen, aber bereits jetzt, nur drei Stunden später, fühlte er sich auf einmal, als würde ihm etwas vorenthalten, wenn er sich nicht in genügendem Maße spürte und empfand es bereits als Pflicht, sich in jedem Augenblick vollständig zu spüren, als wünschte er sich nachträglich, dieses Wissen zu verdienen, das ihm, so beurteilte er es sich erinnernd, nur geborgt wurde; bereits abwesend, er hatte sich schon beinahe von sich selbst verabschiedet, ging er nur mit dem Heft in der Hand am Kiosk vorbei, an dem er, wir haben es kurz vorher gesehen, demonstrativ den Kauf des weißen Kugelschreibers mit der blauen Kappe ausgeschlagen hatte und ging oder besser gesagt stürzte sich hinein in ein anderes Geschäft, das man eher als Buchhandlung mit Büchern bezeichnen konnte, wenngleich auch diese („Redundanzen und Pleonasmen", dachte er) eine Schreibwarenabteilung besaß, aber auch das wäre nicht so einprägsam und des Aufschreibens, hier am Tisch im Kaffeehaus, würdig gewesen,

WÄRE ER NICHT, alles muss zu Ende erzählt werden, schon einmal hier in dasselbe Geschäft hineingegangen und dies vor einer ganzen halben Stunde, also unmittelbar nach dem einschneidenden Gespräch mit Ž., als er glaubte, die Aufnahmefunktion am Telefon sei noch eingeschaltet; bei dieser ersten Gelegenheit betrat er die Buchhandlung, die tatsächlich eine war, mit dem Ziel, ein (stellt euch vor) Heft zu kaufen, aber das lief, was ihn sogleich aus der Fassung brachte, nicht so glatt, wie er es vorgesehen hatte: Im Regal, in dem er immer eine große Auswahl an „klassischen Heften“ (fester Einband, Format B6) vorfand, sah er lediglich zwei Modelle in schwarzer und brauner Variante, deren Einbanddesign er als „Imitation einer Schildkrötenhaut“ beschreiben würde und von denen er unter seinen vollgeschriebenen Heften bestimmt schon um die zehn besaß, und obwohl er sich bewusst war, dass die Anzahl der Modelle begrenzt ist, obwohl er ihre Verschiedenheit nahezu ausgeschöpft hatte, wünschte er sich trotzdem, jedes einzelne dieser vom Format her gleichen Hefte auf den ersten Blick unterscheiden zu können, und als er nun feststellte, dass die Auswahl enttäuschend klein war, fand er sich ungewöhnlich schnell damit ab, zweifellos deshalb, weil er noch vollkommen im Einklang mit sich selbst war, noch nicht entzweit, und nachdem er versucht hatte, sich über eine Abkürzung zum Geschenkladen durchzuschlagen, stellte er fest, dass er eine Mauer hätte einreißen müssen und als er begriff, dass er nun um das ganze Gebäude herum gehen musste, zögerte er erstaunlicherweise nicht, sondern rannte aus der Buchhandlung hinaus und was danach geschah, das hat er bis ins kleinste Detail beschrieben; und er wunderte sich jetzt im Kaffeehaus und bewundert sich auch auf eine gewisse Weise, dass er sich bei diesem ersten Mal nicht (wie er es sonst zu tun pflegte) hinkauerte und anfing, in den untersten Regalen herumzuwühlen – dann scheute er sich jeweils nicht einmal, sich auf den Boden zu setzen, benahm sich wie auf dem Flohmarkt, zog dadurch unweigerlich die Aufmerksamkeit der Verkäuferin auf sich, die dann nicht einmal zu ihm hinging, um ihn zu fragen, was er suche, sondern nur in einer Ecke stand, ihn beobachtete und beunruhigt war; oder sie ging durch die Abteilung und sah sich dabei wie zufällig dauernd nach ihm um, nur um ihn im Augenwinkel wissen zu lassen, dass er überwacht werde, was D. in diesem Moment, das könnt ihr euch ja vorstellen, überhaupt nicht erfreute, mehr noch, es lenkte ihn natürlich wie jede Überwachung ab und erschwerte das Herumwühlen auf der Suche nach einem Muster, das er noch nicht gesehen hatte – was für ein Glück, dachte er, dass er sich beim ersten Mal zurückgehalten hatte, so herumzuwühlen,

ABER DAS LÄSST sich leider in keinster Weise für das zweite Mal sagen, als er sich völlig abgequält in der Schreibwarenabteilung dieser Buch-Buchhandlung wiederfand, ein Ereignis, das er jetzt im Kaffeehaus ebenfalls beschreiben musste: Alles war von außen betrachtet eine Wiederholung und das fast buchstäblich: Dieselben Leute kamen ihm entgegen, begrüßten ihn, bewegten sich mit derselben Geschwindigkeit zwischen den Regalen und verfolgten ihn, wie er feststellte, auch mit genau denselben Blicken; aber er selbst war ein vollkommen anderer, sowohl äußerlich als auch innerlich, er war in dem Maße anders, als dass er fähiger war, die Wiederholung zu erkennen: An der Türschwelle rief ihm dieselbe Mitarbeiterin wie gerade eben mit derselben Stimme ein „Guten Tag“ zu, er aber sah sie kaum an, nicht deshalb, weil er auch diesmal einen auf unfreundlich machen wollte, sondern wegen einer ganz bestimmten Müdigkeit: Er durfte sich selbst nicht eingestehen, dass er schon im Voraus wusste, hier nicht das zu finden, was er suchte und ging an der Mitarbeiterin vorbei, wobei er nur dachte, dass sie ihn schon immer an eine Maus erinnerte; er schritt blindlings weiter, taumelte zu der „Papierwaren“ genannten Abteilung, aber es sah nicht mehr danach aus, als ob er sich selbst begleiten würde, sondern als ob er sich selbst verfolge: Als sei von jenem harmonischen Paar, das sich heute Morgen zum Spaziergang aufgemacht hatte, nur der Verfolgte geblieben, der in Abwesenheit des Verfolgers verängstigt zitterte, bestrebt, einen Befehl auszuführen, den er allem Anschein nach nicht einmal deutlich vernommen hatte, wer weiß was für ein Befehl, und der Verfolger war nicht da, um ihm die Sporen zu geben und somit gab es weder jemanden, den er um Erlaubnis hätte bitten können, noch jemanden, bei dem er hätte überprüfen können, was ihm gesagt worden war; er fühlte, dass er „das Wissen“ verloren hatte, wie ihm nur die dumme Ergebenheit sich selbst gegenüber geblieben war, ja nicht einmal sich selbst gegenüber, sondern seiner Rolle, die kopflose Unterwerfung unter einen unergründlichen Spleen; und wieder betrachtete er über einer neuen Variante von Schubladen das bunte Durcheinander, diesmal aber mit den Händen in den Hosentaschen, nicht nur um sich nicht zu stechen, sondern um sich nicht zu sehr zu verausgaben – er sah aus, als würde er eine reine Formalität erledigen, als wäre es ihm auferlegt worden, hier zu dieser Zeit zu erscheinen, ja sogar nicht einmal zu erscheinen, sondern nur angetroffen zu werden, aufgenommen von Überwachungskameras, deren Aufnahmen sich, wer weiß, der abwesende Verfolger vielleicht später durchsehen und die Leistung beurteilen wird, und gleichwohl sah er, trotz seiner Distanziertheit getrimmt darauf, diesen bunten Krimskrams penibel durch, und nachdem er sich ganze fünfzehn Minuten dort aufgehalten hatte, während derer er sich erlaubte, lediglich einen Kugelschreiber anzutasten und von diesem sofort wieder die Hände ließ, als er an der Spitze der Mine wieder ein weißes Geschwulst erkannt hatte, einen *Fabrikationsfehler* –, ging er fast strauchelnd zur Tür und blieb neben den (unsichtbaren) Büchern im Durchgang stehen, in der Erwartung, einige Preise am Regalbrett unterhalb der Bücher mögen rot oder besser noch gelb aufscheinen; bei diesem Ermatten im Stehen – das war die richtige Formulierung! – schmerzte ihn schrecklich der gläserne Blick eines

Angestellten, der sich, als er ihn hinausgehen sah, daran machte, ihm „Schönen Tag“ zu wünschen, sich dann aber zurückhielt, weil er sich gewiss dachte: „Schau dir den Penner an, besser, ich guck ihn nur misstrauisch an, so dass er erschrickt, ihm nichts mehr leicht von der Hand geht, dass er wieder Bammel kriegt, einfach verschwindet und nie mehr wiederkommen will“, und in all dem hätte der Verkäufer recht gehabt unter der Bedingung, dass er wirklich so dachte, aber D. (während er sich jetzt im Kaffeehaus daran erinnerte) verdrehte wieder die Augen wegen der Tatsache, dass er damals in die Bank hineinging, nur um dem Wachmann zu sagen, es gäbe kein Papier mehr für die Belege und grinste sich spöttisch an, als befände er sich vor einem Spiegel; in solche gutgemeinten Handlungen flüchtete er sich nur, wenn er sich stark fühlte, deshalb lag es im Interesse des Kosmos, ihn andauernd zu entmutigen und ihn regelmäßig an das Ausmaß seiner Nichtigkeit zu erinnern, damit bei ihm keinerlei Ambitionen aufkommen konnten; denn an den Tagen, an denen er die Kraft fühlte, nutzte D. jede Gelegenheit, sie zu verspielen, um sie nicht mehr zu spüren: Er ertrug keinerlei Selbstvertrauen, entlud es und konnte sich deshalb erst „nach der Kraft“ verwirklichen, wie er in Ermangelung eines präziseren Begriffes diese Benommenheit bezeichnete, die ihn gerade mit ihrer Porosität durch den Tag zog, zumindest durch den ersten Teil des Tages, als er sich ohne sich umzudrehen folgte, ohne Zaudern, sich vollkommen vertrauend, wobei er erst irgendwo verborgen fühlte, dass er in einem entscheidenden Moment wieder hinknien und mit den Händen blind durch die Luft greifen wird; diese gewaltlose Schlappheit, die sein Gang heute Morgen vom ersten Schritt an ausstrahlte, lenkte ihn, dachte er, am besten; mit der Kraft war es jedoch anders: Beim bloßen Gedanken an die Kraft kamen ihm sogleich schäbige und zusammenhangslose Aktivitäten in den Sinn, die ihn gut eine Sekunde beschäftigten, während der er sich damit abfand, was ihm auferlegt wurde, es verteidigend als wäre es sein Eigenes: Die Kraft konnte in seinem Fall nur das sein, was nur darauf wartete zu zerbrechen und deshalb konnte er nur subversiv sein, wenn er kroch, wenn er am Rande des Nervenzusammenbruchs war; wie damals, als er sich das letzte Mal aus der Buchhandlung schlich und wieder unenträtselbare Mäander aufzeichnete, dabei trotzdem überzeugt, dass sich in ihnen die Matrix seines Ganges verstecke – von nichts anderem war er jetzt gerade, als er dies schrieb, so überzeugt: dass genau eine solche Bahn jeder Schrittzähler zeichnen und so besorgniserregend genau eine Karte des allgemeinen Zauderns und Umbesinnens abbilden würde; nach dem Verlassen der Buchhandlung strich er ein wenig auf dem Platz herum und zeichnete mit seinen ziellosen Pirouetten allerlei Konturen bis er sich endlich entschloss,

DASS ES ZEIT für Pfannkuchen und Kaffee war, ging durch den Park in der Hoffnung, unterwegs zumindest bei einem Kiosk vorbeizukommen, was (natürlich?) nicht geschah und was seine Bahn von neuem verkomplizierte: Er ging am Kaffeehaus vorbei, in das er sich setzen wollte, hungrig und durstig, sah es niedergeschlagen an wie ein *Vergnügen, welches man aufgrund höherer Ziele aufschieben muss* und ging hinunter zum Slavija-Platz, dessen Zugang Arbeiter versperrten; er ging um den McDonald's herum, dachte von neuem: „Warum gehe ich nicht endlich mal nach Hause", schritt dann langsam, umso langsamer desto steiler es wurde, weiter zum Tempel des Heiligen Sava und entfernte sich dabei mehr und mehr vom vorgesehenen Frühstücksort, und je weiter er sich wegbewegte, umso nervöser wurde er, wobei er jetzt mit jedem Zucken vor Müdigkeit fast umfiel, wozu auch nicht wenig die aufgerissenen Gehsteige beitrugen, welche von orangenen Arbeitsanzügen zerstückelt und dann mit Schaufeln weggetragen wurden, besonders ekelte ihn der Anblick eines Bäckereischaufensters, vor dem Spitzhacken beschwingt auf den Beton schlugen und so den Durchgang versperrten, in dem aber Leute ruhig wie Vieh frühstückten, wahrscheinlich hatten sie vergessen, wie sie hineingekommen waren und dachten wohl auch nicht daran, wie sie wieder aus der Bäckerei hinauskommen werden, als würde ihr Frühstück ewig dauern; D. überprüfte nebenbei reflexartig im Innenfach seines Beutels, ob sich dort nicht zufällig einer der etwa zehn klassischen Kugelschreiber befand, die er in der Schublade aufbewahrte (die Bewegung hatte er schon so oft ausgeführt, dass sie zum Tick geworden war), dabei vergaß er jeweils, dass er die Überprüfung schon vorgenommen hatte und stieß bloß auf das völlig nutzlose, ordentlich zusammengerollte Telefonladekabel; dann wagte er auf einmal, sich rational zu fragen, ob er all dies nur tue, weil er das Heft und den Kugelschreiber zuhause liegen gelassen hatte, im Zuhause, das sich in einem Häuserblock kaum zehn Minuten von hier befand, das jetzt allerdings eine unerwünschte Etappe war; und lediglich der Gedanke daran, hätte das geplante Umherstreunen augenblicklich verunmöglicht;

DAS ZUHAUSE IST dort, wo man ohne ein Zurückblicken hinausgeht und es ist unglaublich, wie ihn sonst jeweils das Brechen dieser ungeschriebenen Regel „Dreh dich nicht um!“ verunsicherte, der Tag war gelaufen, wenn er sich, nachdem er die Türe abgeschlossen hatte, erinnerte, etwas zuhause vergessen zu haben; in diesen Situationen zauderte er lange, wenn er sich nur einige Stufen von der Wohnung entfernt befand; und in Gedanken, abergläubisch seinen Gang nicht unterbrechend, wiederholte er nur: „Wenn ich etwas vergessen habe, dann heißt das, ich brauche es nicht“ oder wie er dies heute Morgen vor dem Restaurant Orač noch radikaler formulierte: „Wenn ich etwas nicht brauche, heißt dies, dass ich es nicht habe“, aber (dachte er jetzt sich erinnernd): „Wie ist es möglich, dass ich mich nicht an den Kontext erinnere, in dem ich dieses Diktum geschmiedet habe“; doch sobald er sich dies gefragt hatte, kam es zur zweiten Erleuchtung: Die Blockade löste sich und der Kontext wurde ihm nun völlig klar: Den Satz „Wenn ich etwas nicht brauche, bedeutet dies, dass ich es nicht habe“ sprach er rennend zwischen Bankomat und Slavija-Platz, nachdem er sich an die Mütze erinnert hatte, die er am vorangegangenen Abend im Kaffeehaus liegen gelassen hatte – auch ihn rezitierte er augenblicklich und so natürlich wie möglich für die Aufnahme und jetzt freute es ihn, dass er auch in einem anderen Kontext fortbestand; jedenfalls, fuhr er fort, wenn er in solchen Fällen in die Wohnung zurückgegangen war, um das Vergessene zu holen, war er oftmals entmutigt und entschied sich auf der Stelle, nicht wieder hinauszugehen; so einen ruinierten Tag verbrachte er meist im Bett, zerknirscht und alle Viere von sich gestreckt verzichtete er auf das Gehen, wünschte sich, all seine Kräfte mögen schwinden und war wütend auf sich, dass er sich nicht auf den Spaziergang eingelassen hatte mit jenem Tempo, mit dem er sich in ihn hineingestürzt hatte; und er dachte, während er nochmals die Straße neben dem McDonalds hinaufging: Es ist gut, dass er sich so spät erinnert hatte, Heft und Kugelschreiber vergessen zu haben, denn wäre ihm dies auf der Treppe in den Sinn gekommen, wäre er sicher in die Wohnung zurückgegangen und es ist fraglich, ob er aus ihr überhaupt wieder herausgekommen wäre und erst recht, ob er es bis hierhin geschafft hätte, und da blickte D. nach einem Seufzer auf einmal fast bekehrt um sich, schaute von der höchsten Stelle der aufgerissenen Straße zum Slavija-Platz hinunter und fragte sich, ob diese Situation, in der er sich befand, ob das denn diese nicht zu verpassende Gelegenheit sei; ob ihn wohl, wäre er zuhause geblieben, das Gewissen geplagt hätte, dass er dieses groteske Springen über die Baugruben beim Slavija-Platz und jenes fahrige Herumfuchteln von einem Regal zum nächsten auf der Suche nach Heft und Kugelschreiber verpasst hatte? War das denn etwas, was man nicht verpassen durfte? Und schon vollständig versöhnt mit der Tatsache, dass er das liebe, verfluchte Hähnchenpaprikasch essen werde und bereit, Ž. anzurufen und anzukündigen, er komme gleich nach Hause, nachdem er ihr vorher mit nüchterner Stimme die sogleich verständliche Frage „Braucht's was aus dem Laden?" gestellt hatte, ging er abwesend die Straße hinauf, betrachtete dabei die Fassaden, unter denen die eines Striptease-Clubs herausstach, als er auf einmal

ZWISCHEN DEN AUFGEREIHTEN Geschäften die nahezu unsichtbare Aufschrift „Kiosk 0-24“ bemerkte und sich an den Kopf fasste, weil er, da er die ganze Zeit einen Kiosk, einen sperrigen Auswuchs auf der Straße, gesucht hatte, wer weiß wie viele solche zurückversetzten Kioske verpasst hatte: Sofort stürzte er hinein; ein Mann rief ihm von innen ein „Guten Tag“ zu und D. fragte ihn sogleich „Haben Sie Kugelschreiber?“, weshalb sich der Gefragte zu einer Frau umdrehte, die in diesem Moment von einer Leiter herabstieg, und er ihm damit zu verstehen gab, dass er nur ein Kunde war und ihn einfach so begrüßt hatte, aus Leutseligkeit, die jetzt nach D.s Ansicht, völlig unsinnig war; und während die Verkäuferin gemächlich von der Leiter herunterstieg und diese ungeschickt zusammenklappte, sah sich D. fieberhaft die Kugelschreiber an, aufgereiht in einer erbärmlichen Batterienschachtel und, wie ihr schon wisst, die Wahl fiel auf den gelben, nachdem er ihn im neuen Heft ausprobiert hatte; erst dann fühlte er die Erleichterung, erst dann bemerkte er, wie sich seine Zeit allmählich verlangsamte und sich der Zeit derer anglich, die sich um ihn herum bewegten; zwar war er erleichtert, wurde aber auch immer erschöpfter und es wurde ihm immer bewusster, dass nach einer solchen Müdigkeit wahrscheinlich eine reine, dümmliche Ruhepause folgen würde und so ging er zurück, die schon ausgiebig studierten Baugruben zum Slavija-Platz überspringend, die letzten Hindernisse zum Atemholen im angepeilten Kaffeehaus, in dem er jetzt endlich saß und nur atmete, tief und ruhig, als ob er ohne irgendwelche Probleme und Hindernisse gleichsam per Luftlinie hierhin gereist sei, mit einem Glas Wasser und einem Kaffee neben sich, den Pfannkuchen (mit Schinken und Kačkavalj-Käse) hatte er mit zwei Bissen verschlungen, und in dem er schrieb, ununterbrochen, wie jemand, der sich selbst vorgegeben hatte, in einem Zug sowohl das Heft voll- als auch den Kugelschreiber leerzuschreiben, den Blick stets gesenkt, lediglich hin und wieder nickend, wenn ein Gefäß vom Tisch verschwunden war, glücklich, dass für ihn Platz gemacht wurde und er selbst keinen Finger dafür rühren und viel wichtiger, nicht ein Wort vergeuden musste, glücklich auch, weil er vergessen hatte, dass irgendwas und irgendjemand irgendwo auf ihn warteten, obwohl dies (dass er es vergessen hatte) nicht völlig der Wahrheit entsprach: Er schrieb nur so hingebungsvoll, als ob niemand nirgends existieren würde, doch irgendwo war er sich bewusst, dass er diesen Ort in einem bestimmten Augenblick und aus verschiedenen Gründen, die er nicht beeinflussen konnte, wird verlassen müssen und dass er irgendwann einmal aufhören musste zu schreiben, aber jetzt war er definitiv versöhnt mit der Tatsache, dass Ž. noch vor seiner Heimkehr abreisen wird, mehr noch, dass sie bestimmt schon abgereist war, ohne auf ihn zu warten und deswegen war er ebenfalls erleichtert: dass ein künstlich aufgezwungener Termin, eine Frist, die ihm die Kehle zuschnürte, endlich schmerzlos entfernt, gestrichen, abgesagt war und dies ohne irgendwelche überflüssigen Interventionen, geschweige denn mit Vorwürfen, welche ihn, so erhitzt, völlig aus der Bahn geworfen hätten;

ABER ER DACHTE, als er schrieb, dass er jetzt so was von in diese Bahn geraten war, dass er, selbst wenn er es gewollt hätte, nur schwer aus ihr raus gekommen wäre und schon gar nicht, wenn ihn jemand anderes in diesem Moment unterbrochen hätte, ohne zu ahnen, dass er ihn stört, woraufhin er fast freundschaftlich das stumme Telefon, das mit dem Bildschirm nach unten auf dem Tisch lag, betrachtete und daran dachte, dass ihn zum ersten Mal nach der Universität die Hand vom Schreiben schmerzte und da, in der Not, erinnerte er sich an den praktischen Rat einer Professorin, wie man die Hand ausschüttelt, damit in diese so schnell wie möglich das Blut zurückkehrt; und während er die Hand mit viel Schwung ausschüttelte wie für einen Zuschauer, obgleich das Kaffeehaus wie jeden Samstagmorgen leer war, mit einem seligen Ausdruck auf dem Gesicht, auf dem beinahe „so soll es sein“ geschrieben stand, fragte er sich auf einmal, was lächerlich war, warum er überhaupt zu schreiben begonnen hatte; und während er die Tröpfchen seiner Spucke betrachtete, die auf der Speisekarte und dem Tisch glitzerten und die Umrisse eines zergliederten, kaum erkennbaren Sternenbildes ergaben, das lediglich aus Tupfen bestand, die derart unentschlossen hingeworfen waren, dass das Auge keine Lust hatte, zwischen ihnen einen Strich zu ziehen, geschweige denn, aus ihnen irgendeine Figur zu bilden, begriff D. mit einem Mal endlich, ohne auch nur einen Augenblick zu zögern, dass er nur schrieb, um nicht zu vergessen, nahm einen tiefen Atemzug und sagte laut PUNKT.

Alles muss zu Ende erzählt werden

Die Novelle PUNKT von Bojan Savić Ostojić, im Original 2017 in Belgrad erschienen, endet nicht nur mit diesem orthographischen Zeichen, sondern auch mit diesem Wort. In der Sprache der Akkuratheit und Pünktlichkeit – auf Deutsch. So fremd das deutsche Wort im serbischen Text erscheinen mag, so passend widerspenstig fügt es sich in das Universum dieses eigensinnigen, faszinierenden Textes ein. Ein Text, der zum Ende des grandios scheiternden Projekts, auf den Punkt zu kommen, einfach einen Punkt macht, wohlwissend, dass damit die Sache kaum zu Ende erzählt ist. Doch welche Sache?

Zwar hat, wer die Handlung fokussiert, die Geschichte scheinbar rasch überblickt: Ein Schriftsteller verlässt eines Morgens seine Wohnung, lässt zuhause Heft und Kugelschreiber liegen, unternimmt wiederholt (stets fehlschlagende) Versuche, diese in der Stadt neu zu erstehen, und kommt dabei immer wieder vom Weg ab – kartographisch, seelisch ebenso wie narrativ. Das Ereignishafte dieses (scheinbar) Ereignislosen („seines im Grunde ziellosen Spaziergangs", S. 27) reflektiert sich – ähnlich wie in den Erzähl- und Sprechlabyrinthen von Thomas Bernhard – nicht nur in einer meditativ mäandernden Parallelisierung von Gehen, Sprechen, Denken und Schreiben, sondern im Erzählen über das Erzählen selbst. Dieses Erzählen wird gegen ein herkömmliches Erzählen über *etwas, das geschieht* aufgewogen: „indem er sich als einer von jenen ausgab, die wegen etwas aus dem Haus gehen, denen etwas geschieht, und die vor allem fähig sind, dies danach ohne große Abschweifungen überzeugend nachzuerzählen" (S.19).

Savić Ostojićs rezenter Roman NIŠTA NIJE NIČIJE (dt. „Nichts gehört niemandem"), der sich 2021 auf der Shortlist für den prestigereichen serbischen Literaturpreis *NINova nagrada* wiederfand, lässt sich als 'Buch über Bücher' beschreiben: die Hauptfigur – ein büchersammelnder Flaneur und *philosophe des lettres*, unterwegs auf Belgrads Flohmärkten. PUNKT hingegen ist eine Erzählung, die das Erzählen seziert – als gleichzeitig prosaisch witziger wie mystischer Akt, der sich einer absurden Welt der (Selbst-)Entfremdung stellt und – entgegenstellt.

Die Absurdität des Daseins in der (erzählenden) Selbstentfremdung, die Entzweiung verschiedener Ebenen der Selbsterfahrung, sowie die Konzentration auf eine Sprache des Erzählens und ein Erzählen von Sprache, welche im Spiel mit der Zwecklosigkeit ihren Zweck findet; dies verortet Bojan Savić Ostojićs Novelle in einem Dialog mit zeitlosen modernistischen

Erzählpositionen – nicht nur mit Thomas Bernhard, sondern auch mit Franz Kafka, oder mit der jugoslawischen Postmoderne eines Milorad Pavić, mit den Bafflern Bohumil Hrabals – in leichtfüssigeren Momenten, in dramatischeren mit den grotesken Erzählern Nikolaj Gogols. Wenn etwa Kafka die Bifurkation für die Selbstentfremdung bei der prinzipiell abgründigen Absurdität der gesellschaftlichen Realität ansetzt, Bernhard beim Gekünstelten und Verlogenen des gesellschaftlichen Habitus, Pavić und Hrabal bei der Labilität der realen Ordnung vis-à-vis einer narrativen Sinnzerstäubung, oder Gogol bei der verborgenen Phantastik und dem dämonischen Weltgefühl *hinter* der Realität – dann nimmt die Spaltung von Savić Ostojićs Erzähler in ebenso philosophisch universellen wie vielleicht auch kulturspezifisch individuellen Weltauflösungen ihren Ursprung.

Eine erste philosophische Spur, die PUNKT nachzeichnet, führt in die Sprachskepsis: Zwar feiert der Erzähler gelegentlich die Präzision und Treffsicherheit seiner Formulierungen magistral (wie etwa „das Monopol auf das Entfernen der Verpackung", S. 14, das er einem Heftverkäufer zuschreibt). Doch deutet gerade die übertriebene Betonung dieser Momente auf eine grundsätzliche Verunsicherung hin, inwiefern Sprache objektive Realität überhaupt zu fassen kriegen kann. Die Sprache des flanierenden und stockenden Erzählers löst in Bezug auf ihren (volatilen, weil stets gemachten und im Gemachtsein akribisch beobachteten) Weltbezug gerade dann eine besondere Unruhe aus, wenn sie in ihrem gelegentlichen Vorauseilen die Realität abhängt und ihr dann (scheinbar) überlegen entgegensieht („stolz auf sich, dass er dieses Wort, das er als sehr präzise empfand, ausgesprochen hatte, falls er es tatsächlich ausgesprochen hatte", S. 13). Wenn die postjugoslawische Sprachpluralisierung mit ihrer gleichzeitig nationalisiert verengenden Spezifizierungspolitik im Hintergrund dieser Sprachbetrachtung dekonstruiert aufscheinen mag, so deutet die hohe Sensibilität für Prozesse des Benennens sowie des Fehlschlagens dieser Prozesse auch auf die Doppelrolle des Autors hin. Bojan Savić Ostojić ist nicht nur Erzähler (und gefeierter Dichter). Als einer der wichtigsten zeitgenössischen Übersetzer französischer Literatur ins Serbische (auch hier vieler zeitloser Modernist*innen, u.a. A. Artaud, S. Beckett, A. Kristof, M. Proust) ist er mit der Flexibilisierung von Spracharbeit aus der Perspektive ihrer interlingualen Transition bestens vertraut. Gleichzeitig gelingt es dem Autor, die Erfahrung des Übersetzens zum Ausgangspunkt einer Perspektive auf die potentiell abhandenkommende oder auseinanderdriftende Beziehung zwischen Sprache und Welt zu nehmen, die in der Verschiebung und Suspension in erster Linie eine poetische Potenz und narrative Energie betont.

Eine andere philosophische Spur führt zu Konzeptionen der Entschleunigung als Motor neuer Erkenntnisse. Wenn etwa der Philosoph Josef Vogl im „Zaudern" eine alternative Vision zu unserer hyperbeschleunigten Leistungsgesellschaft sieht und in der „Zauderfunktion" den kontrapunktischen Begleiter einer das Abendland prägenden Geschichte der Tat und der Geschehnisse, dann erscheint auf ähnliche Weise das Zaudern, stetige Selbstbeobachten und Umbesinnen des Erzählers in PUNKT („völlig und filmreif unentschlossen", S. 23) nicht etwa als simple Suspension des Handelns. Vielmehr befindet es sich an der Schwelle zwischen Handeln und Nichthandeln, „an der Grenze zwischen *es kann* und *es muss nicht*" (S. 20), an der sich ein kreativer Zwischenraum eröffnet, der im pausierenden, stockenden Infragestellen zum Stützpunkt der Erzählung und des Erzählens gleichermassen wird. Der vom Flaneur ausgiebig geprobte Widerstand gegen Vorgebahntes und Erwartetes, der sich in kleinsten Verweigerungen sozialer *comme il faut*-Kommunikation ebenso manifestiert, wie in der Infragestellung zwischenmenschlicher Erwartungen, deutet auf eine „höhere Verpflichtung" (S. 27) hin, auf einen möglichen geheimen Sinn im Rhythmus dieses „Spaziergangs ohne Ziel" (ebd.).

Vor dem Hintergrund der postjugoslawischen Literaturszene mit ihrem narrativen Turn, die in einer historischen Situation der intensiven Ereignishaftigkeit viele das erzählte *Geschehen* betonende Positionen kennt, lotet Bojan Savić Ostojić auch diesbezüglich ein kleines *pièce de résistance* aus.

Das deutsche Schlusswort Punkt ist nicht das einzige Fremdsprachige – das Suchen nach deutschen Silben bildet, ebenso wie viele weitere Elemente in dieser Erzählung, gleichzeitig Stolperstein wie Bewegungsrhythmus, Grund zur Digression wie verborgene, weil unter der Text- und Sprachoberfläche liegende Matrix. Sie kann kaum „zu Ende erzählt" (S. 42) werden. Sie kann nur – mit grossem Genuss – im Erzählen und Erzähltwerden beobachtet werden, wie ein „kaum erkennbares Sternenbild [...], das lediglich aus Tupfen bestand, die derart unentschlossen hingeworfen waren, dass das Auge keine Lust hatte, zwischen ihnen einen Strich zu ziehen, geschweige denn, aus ihnen irgendeine Figur zu bilden“ (S. 59).

Anna Hodel

Anmerkungen zur Übersetzung und Dank

Die Wörter, die im Original auf Deutsch geschrieben sind, wurden in der Übersetzung in Kapitälchen wiedergegeben. Die Setzung der Semikola wurde weitgehend vom Original übernommen. In Absprache mit dem Autor weichen mehrere Stellen in der Übersetzung leicht vom serbischen Text ab.

Ein großer Dank gilt Andrea Stanek, die den serbischen Text und die Übersetzung gelesen hat und mir mit ihren zahlreichen Hinweisen eine wichtige Hilfe war. Ebenfalls gedankt sei der Gutachterin von Traduki für ihre hilfreichen Empfehlungen.

Jan Dutoit

traduki

Die Herausgabe dieses Werks wurde gefördert durch TRADUKI, ein literarisches Netzwerk, dem das Bundesministerium für europäische und internationale Angelegenheiten der Republik Österreich, das Auswärtige Amt der Bundesrepublik Deutschland, die Schweizer Kulturstiftung Pro Helvetia, die Interessengemeinschaft Übersetzerinnen Übersetzer (Literaturhaus Wien) im Auftrag des Bundesministeriums für Kunst, Kultur, öffentlichen Dienst und Sport der Republik Österreich, das Goethe-Institut, die S. Fischer Stiftung, die Slowenische Buchagentur, das Ministerium für Kultur und Medien der Republik Kroatien, das Ministerium für Gesellschaft und Kultur von Liechtenstein, die Kulturstiftung Liechtenstein, das Ministerium für Kultur der Republik Albanien, das Ministerium für Kultur und Information der Republik Serbien, das Ministerium für Kultur Rumäniens, das Ministerium für Bildung, Wissenschaft, Kultur und Sport von Montenegro, die Leipziger Buchmesse, das Ministerium für Kultur der Republik Nordmazedonien und das Ministerium für Kultur der Republik Bulgarien angehören.

BOJAN SAVIĆ OSTOJIĆ (1983) lebt als Schriftsteller und Literaturübersetzer aus dem Französischen in Stara Pazova (Serbien). Er hat mehrere Gedichtbände, Fragmentsammlungen und drei Romane veröffentlicht. 2022 erschien zudem das Reiseheft VARVARIN U EVROPI – ŠVAJCARSKA SVESKA (dt. „Ein Barbar in Europa. Ein Schweizer Heft"), das er während eines Übersetzungsaufenthalts in Lavigny 2021 verfasste. Die deutsche Übersetzung seines gefeierten Romans NIŠTA NIJE NIČIJE (dt. „Nichts gehört niemandem") erscheint bald im Berliner eta Verlag.

ANNA HODEL (1982) hat Slavistik, Geschichte, Ethnologie und literarisches Übersetzen in Basel, Tübingen, St. Petersburg und Zagreb studiert. Seit 2019 vertritt sie den Lehrstuhl für Slavische Literaturwissenschaft in Basel. Als Übersetzerin und Moderatorin setzt sie sich für die Vermittlung und gesellschaftliche Kontextualisierung von Literatur und Theater aus Osteuropa ein.

JAN DUTOIT (1981) ist Slavist und Osteuropahistoriker und arbeitet als wissenschaftlicher Bibliothekar und Übersetzer in Bern.

edition taberna kritika
Neuerscheinungen 2021/22

Hannes Bajohr
Renga Anger
ISBN 978-3-905846-67-6

Daniele Pantano
HIMMEL-BIMMEL-BAM-BAM
ISBN 978-3-905846-66-9

Jasmin Meerhoff
Knoten und Bäuche
ISBN 978-3-905846-65-2

Sebastian Winkler
texere [weben]
ISBN 978-3-905846-64-5

Hartmut Abendschein
Hartmann
ISBN 978-3-905846-63-8

René Luckhardt
Zwangsverwandtschaften
ISBN 978-3-905846-62-1

Ausführliche Informationen über unsere Neuerscheinungen und das Gesamtprogramm finden Sie im Internet unter www.etkbooks.com

edition taberna kritika
Gutenbergstrasse 47
CH 3011 Bern
Tel.: +41 (0) 77 425 2 180
info@etkbooks.com | http://www.etkbooks.com